AF299730

ESTAMPES

et

DESSINS

Février 1881

M· MAURICE DELESTRE
COMMISSAIRE-PRISEUR
27, rue Drouot, 27

M. CLÉMENT
Marchand d'Estampes de la Bibliothèque Nationale
3, rue des Saints-Pères, 3

CATALOGUE

DES

ESTAMPES ANCIENNES

ET MODERNES

DESSINS

Composant la collection de feu M. CHAMBRY

Dont la vente aux enchères publiques aura lieu

HOTEL DES COMMISSAIRES-PRISEURS, RUE DROUOT, N° 9

SALLE N° 4

Le Jeudi 3 Février 1881

A DEUX HEURES PRÉCISES

EXPOSITION DE UNE HEURE A DEUX

Par le ministère de M* **MAURICE DELESTRE**, Commissaire-Priseur,
27, rue Drouot, 27.

Assisté de **M. CLEMENT**, Marchand d'Estampes de la Bibliothèque Nationale,
rue des Saints-Pères, 3.

Les estampes seront visibles chez M. CLEMENT les dix jours
qui précèderont la vente.

—

PARIS. — 1881

CONDITIONS DE LA VENTE

Elle sera faite au comptant.

Les adjudicataires payeront *cinq pour cent* en sus des enchères.

L'Expert, chargé de la vente, se réserve la faculté de rassembler ou de diviser les lots.

Les dessins seront vendus après les gravures.

DÉSIGNATION

DESSINS

BLOUET (Abel)

1 -- Le Tombeau de Theron à Agrigente, 1824.

Aquarelle.

BONINGTON (R.)

2 — Marine.

Très belle aquarelle, signée.

CICERI

3 — Paysage en largeur, de forme ovale.

Aquarelle.

DELACROIX (Eugène)

4 — La Conversion de saint Paul.

Beau dessin au crayon noir et lavis d'aquarelle, vente Delacroix.

5 — Soldats arabes.

A la plume, sur papier calque.

ÉCOLE FRANÇAISE DU XVIIIᵉ SIÈCLE

6 — Le Magnétisme animal, remède universel à l'usage du beau sexe, découvert en 1784. — Comédie-scène grotesque. Deux dessins faisant pendant.

A la plume, lavis d'aquarelle.

FELON (J.)

7 — Jeune femme malade recevant la visite d'une sœur de Saint-Vincent-de-Paul.

Aux crayons noir et blanc, signé.

GAVARNI

7 *bis* — Un jeune garçon écossais, debout sur un rocher.

Très beau dessin aux trois crayons et lavis d'aquarelle, signé : *Gavarni Edimbourg*, 1849.

GÉRICAULT

8 — Jeune paysan donnant à manger à son cheval.

Très jolie petite aquarelle, signée dans l'angle gauche.

9 — La défense du drapeau.

Beau dessin au crayon noir, rehaussé d'or et de crayon blanc.

10 — Paysage, vue de Tivoli.

Beau dessin à la plume et aquarelle, signé.

PAPETY (TH.)

11 — Vue

A la plume et lavis, signé.

PRUD'HON (P. P.)

12 — Une muse.

Beau dessin aux crayons noir et blanc, sur papier bleu.

VERNET (H.)

13 — Une femme assise.

A la sépia, signé, avec dédicace.

ESTAMPES

AUDRAN (GÉRARD)

14 — La femme Adultère, d'après N. Poussin.

Superbe épreuve du 1er état, avant les points dans la marge, du côté droit, piquée d'humidité.

BALECHOU (J. J.)

15 — Sainte-Geneviève, patronne de Paris, d'après C. Vanloo.

Très belle épreuve avant toutes lettres.

16 — La Tempeste, d'après Joseph Vernet.

Très belle épreuve avec la faute au mot compagnie écrit *compagine*, avant les contre-tailles, sur le rocher, à droite, et sous l'arc de triomphe, à gauche. Elle est remargée.

BALECHOU (J. J.)

17 — Auguste III, roi de Pologne en pied, d'après Rigaud.

Très belle épreuve avant l'année 1750 placée au-dessous du nom du graveur et avant les mots : chevalier de l'ordre de Saint-Michel, placés sous le nom du peintre. *Arb. 30*

BELLA (ÉTIENNE DELLA)

18 — La Perspective du Pont-Neuf, à Paris.

Superbe épreuve du 1er état, avant la girouette sur le clocher de Saint-Germain-l'Auxerrois.

BERGHEM (N.)

19 — L'homme monté sur l'âne (B., 5).

Très belle épreuve du second état, avant la totalité des travaux dans le ciel. Collections Dreux et Thiers.

BERVIC (Ch. Cl.)

20 — L'Enlèvement de Déjanire, d'après le Guide. — L'Éducation d'Achille, d'après Regnault. Deux pièces faisant pendant.

Très belles épreuves avant la lettre, mais doublées.

21 — Laocoon et ses enfants enveloppés par deux serpents, d'après un groupe antique.

Très belle épreuve d'artiste, le nom de Bervic est tracé à la pointe dans le milieu de la marge du bas.

22 — Le Repos, d'après Lepiclé.

Belle épreuve avant toutes lettres.

23 — Louis XVI, roi de France, in-fol. en pied, et manteau royal, d'après Callet.

Très belle épreuve avant la lettre.

BOILLY

23 bis — L'œuvre lithographié de Louis Boilly et quelques gravures d'après lui, composé de cent cinquante pièces.

Très belles épreuves, beaucoup sont sur chine.

BOISSIEU (J. J. DE)

24 — Entrée d'une forêt.

Très belle et ancienne épreuve, portant au bas cette inscription : *pour Monsr Wille de la part de son humble serviteur De Boissieu.*

BOLSWERT (S. A.)

25 — Le Christ au roseau, d'après Van-Dyck.

Superbe épreuve du 1er état, avant les contre-tailles sur le mollet du soldat debout, à droite de l'estampe.

CALLOT (J.)

26 — La Tentation de saint Antoine (M., 139).

Superbe épreuve du 2e état, avec dix rosettes dans les armes au lieu de vingt et une, avec le mot Caccis au lieu de Cæcis à la première ligne des vers latins.

27 — Les Supplices (665).

Très belle épreuve, où la statue de la Vierge et la tour dans le fond vers la gauche, sont très apparentes.

28 — Les deux grandes vues de Paris (M., 713-714).

Très belles épreuves du 2e état.

COCHIN (Ch. N.)

28 bis — Six cent vingt-sept estampes, composant une partie de l'œuvre de Ch. N. Cochin le fils. Vignettes pour l'origine des grâces, les œuvres de J. B. Rousseau, les contes de La Fontaine, l'Énéide, les Géorgiques, vignettes in-fol. pour l'histoire du règne de Louis XIV, par médailles, grandes pièces, sujets de genre, fêtes et pompes funèbres, ornements d'après Gillot, Vassé, etc., billets de bal, titres, portraits et figures académiques, sujets religieux, etc.

Très belles épreuves, les vignettes sont en grande partie tirées hors texte et à l'eau-forte, quelques épreuves des fêtes sont avant la lettre et d'autres à l'eau-forte ainsi que deux des ornements de Gillot, également à l'eau-forte.

Cinquante et un dessins au crayon noir, en partie de format in-4, pour une histoire de France, croquis divers, etc. Seront vendus avec l'œuvre du maître, indiqué ci-dessus.

COROT

29 — Paysage gravé à l'eau-forte, pour les poésies posthumes d'Edmond Roche. Deux épreuves.

Première épreuve d'eau-forte pure, 18 novembre 1862.
Deuxième épreuve, avec le nom mal indiqué, 24 novembre 1862.

DESNOYERS (Aug. B., Baron)

30 — Bélisaire aveugle, portant son conducteur blessé par un serpent, d'après Gérard.

Très belle et rare épreuve avant toutes lettres, seulement les noms d'artistes.

31 — Homère, d'après Gérard, gravé par Massard.

Superbe et très rare épreuve avant toutes lettres, fait pendant au numéro précédent.

32 — Napoléon en grand costume impérial du sacre, d'après Gérard.

Très belle épreuve avec l'aigle, un peu restaurée.

DIVERS

32 *bis* — *Clairon* (Mlle), célèbre comédienne, par J. B. Michel, d'après Pougin de Saint-Aubin, in-fol. — *Voltaire*, gravé par Tardieu, d'après Houdon, avant la lettre. — P. H. *Marron*, par Hulk. — *Alfieri*, gravé par Toschi, etc. Cinq portraits.

Très belles épreuves.

DREVET (P.)

33 — Boileau-Despréaux (Nicolas), d'après H. Rigaud (D., 24).

Superbe et très rare épreuve du 1er état, avant toutes lettres. Petite marge.

34 — Le même portrait.
Belle épreuve.

DREVET (P. J.)

35 — *Bossuet* (Jacques-Benigne), d'après Rigaud.

Très belle épreuve avant les points après le mot *pinxit*.

36 — *Fénelon*, d'après J. Vivien (D., 16).

Très belle épreuve, piquée d'humidité.

37 — *Lecouvreur* (Adrienne), d'après Ch. Coypel (D., 24).

Très belle épreuve du second état, avant l'e au mot modèle, tachée d'humidité et de fumée.

DURER (Albert)

38 — Saint-Eustache ou Saint-Hubert (B., 57).

Magnifique épreuve, tirée sur papier à la grande couronne. Très rare de cette qualité.

DURER (ALBERT)

39 — Saint Jérôme dans sa cellule (B., 60).

Très belle épreuve, un peu piquée d'humidité. Collection Durand.

40 — Sainte Geneviève (B., 63).

Très belle épreuve, sur papier à la tête de bœuf. Collection Debois.

DYCK (ANT. VAN)

41 — Le Christ au Roseau (W. 24).

Superbe épreuve du second état, avant les mots : *et fecit aqua forti,* après le nom du maître et avant le mot *Regis,* après *Cum privilegio.* Signée au verso : *P. Mariette,* 1664. Très rare, en aussi belle condition.

42 — Le Titien et sa maîtresse (W. 25).

Très belle épreuve du 3e état, avant l'adresse de Bon Enfant.

EDELINCK (G.)

43 — Sainte famille, d'après Raphaël (R. D., 4).

Très belle épreuve du 2e état, avant les armes de l'abbé Colbert, portant au verso la signature de Wille, un peu jaunie par la fumée.

44 — Sainte Madeleine, d'après Charles Le Brun (R. D., 32).

Magnifique et très rare épreuve du 2e état, avant la lettre, mais avec les noms des artistes repris au burin. Petite marge.

45 — *Champaigne* (Ph. de), d'après lui-même (R. D., 164).

Belle épreuve du 1er état, avant le trait échappé, doublée et remargée.

46 — *Desjardins,* célèbre sculpteur, d'après H. Rigaud (R.-D., 182).

Superbe épreuve du 1er état, avant la lettre.

47 — *Dilgerus* (Nathanael), théologien de Dantzig (R. D., 185).

Très belle épreuve.

48 — *Racine* (Jean, de l'Académie française (R. D., 302).

Belle épreuve.

FICQUET (ÉTIENNE)

49 — *Maintenon* (Françoise d'Aubigné, marquise de), d'après Mignard (f., 93, deuxième planche).

Belle épreuve.

FLAMENG (L.)

50 — La Source, d'après Ingres.
Superbe épreuve avant toutes lettres, sur chine.

FORSTER (F.)

51 — Les trois Grâces, d'après Raphaël.
Très belle et première épreuve avant toutes lettres et avant le trait carré qui entoure l'estampe. On lit au milieu de la marge du bas : VIIIe épreuve d'essai. Elle est signée du graveur et sur papier de Chine. Collection Debois.

FRANÇOIS (ALPH.)

52 — Mignon et son père, d'après Ary Scheffer.
Très belle épreuve avant toutes lettres, sur papier de Chine.

GAULTIER (LÉONARD)

52 bis — Pourtraictz de plusieurs hommes illustres qui ont flory en France depuis l'an 1500 jusques à présent. Suite de cent quarante-quatre portraits, connue sous le nom de Chronologie Collée. Collection rare, sans titre.
Très belles épreuves.

GELÉE (CL.)

53 — La Danse au bord de l'eau (R. D., 6).
Très belle épreuve. Collections His de Lasalle et Thiers.

GIRARDET (A.)

54 — La Transfiguration, d'après Raphaël.
Très belle épreuve avant la lettre, les noms d'artistes tracés à la pointe. Marge.

55 — Triomphe de Vespasien, d'après Jules Romain, in-fol. en largeur.
Belle épreuve avant toutes lettres, non entièrement terminée.

56 — Vue de l'assemblée du Champ de Mai, au moment de la présentation des drapeaux.
Belle épreuve avant toutes lettres.

GODEFROY

57 — Le Congrès de Vienne, d'après Isabey.
Très belle épreuve avant la lettre, avec le trait explicatif lithographié par Isabey.

GOLTZIUS (H.)

58 — Henri IV (B., 173).

Très belle épreuve d'un premier état non décrit avant les mots : *Au Palais*, au-dessous du nom de Paul de la Houue.

59 — *Frisius*, fils du peintre Théod. Frisius. Pièce connue sous le nom du *Chien de Goltzius*. (B., 190.)

Très belle épreuve, signée au verso : *P. Mariette*, 1697, un peu piquée d'humidité.

HOLLAR (W.)

60 — Le Lièvre suspendu, d'après Boel.

Superbe épreuve du 1er état, avec le nom de W. Holl., l'année 1649, mais avant l'adresse de Pouter à la suite de l'année.

61 — Vue du portail et d'une partie de la cathédrale d'Anvers.

Très belle épreuve du 1er état, avec une seule ligne de titre et avant la troisième taille sur le toit de la maison à la droite de l'estampe, petite marge, un peu jaunie par l'humidité.

INGRES (J. D.)

62 — Portrait de Monseigneur de Pressigny, gravé à l'eau-forte, à Rome, en 1816.

Superbe épreuve avant la lettre. Marge.

LIGNON

63 — Portrait de Camoëns, frontispice pour les Lusiades, d'après Gérard.

Belle épreuve avant la lettre.

64 — *Genlis* (Mme de), in-4.

Superbe épreuve avant toutes lettres, sur chine.

65 — Mlle *Mars*, d'après Gérard, — *Talma*, d'après Picot. Deux portraits in-fol., faisant pendant.

Belles épreuves avant la lettre.

66 — Le duc d'*Orléans*, depuis Louis-Philippe Ier, d'après Gérard.

Belle épreuve avant la lettre.

67 — *Richelieu* (le duc de), d'après sir Th. Lawrence, in-fol.

Belle épreuve avant toutes lettres, sur chine.

LIGNON et DEMARCENAY

68 — Molière, — Boileau, — B. de Saint-Pierre. — Henri IV
et Sully. Cinq portraits in-8, dont trois avant la lettre.

Belles épreuves.

LONGHI (J.)

69 — La Madeleine, couchée dans le désert, d'après le
Corrège.

Magnifique épreuve avant toutes lettres et avant les armes, seulement
les noms d'artistes tracés à la pointe. Grandes marges.

LOUIS (Aristide)

70 — Mignon aspirant au ciel. — Mignon regrettant sa patrie.
Deux pièces faisant pendant, d'après Ary Scheffer.

Très belles épreuves avant toutes lettres, seulement les noms des artistes
tracés à la pointe, portant le n° 52, sur chine. Elles sont signées par
Ary Scheffer, avec dédicace à Mme H. Vernet.

MAITRE (au monogramme P. G.)

71 — Sujet allégorique. L'Enfant Jésus à cheval, armé de sa
croix dont il se sert en guise de lance, ouvre le ventre au
pape et il sort de la plaie des animaux immondes : Au
fond une inscription latine, avec la date de 1550. Vers le
bas de la gauche, le monogramme P. G. entrelacées.

Superbe épreuve, avec une petite marge rajoutée.

MASSON (Ant.)

72 — Jésus à table avec deux de ses disciples dans le château
d'Emmaüs. Estampe connue sous le titre de : *la Nappe,*
d'après le Titien (R. D., 5).

Très belle épreuve du 2e état, avant la taille échappée au-dessus de
l'arbre qui se voit près de la fabrique au haut, à droite, lors de la retouche
de la planche.

73 — Brisacier (Guillaume de), d'après Mignard (R. D., 15).

Superbe épreuve du 1er état, avant la lettre, un peu piquée d'humidité.

74 — *Harcourt* (H. de Lorraine, comte d'), dit le cadet à la
Perle, d'après Mignard (R. D., 34).

Superbe épreuve, remargée.

MELLAN (.Cl)

75 — Saint Pierre Nolasque (cat. de Montaiglon, 90).
Superbe épreuve. Rare.

MEISSONIER

76 — Le fumeur.

Très belle épreuve, sur chine, avec une grande marge.

MERCURY (P.)

77 — Les Moissonneurs, d'après L. Robert.

Superbe épreuve du 1er état, avant la lettre, les noms du graveur et d'imprimeur tracés à la pointe, sur chine.

MORGHEN (Raphael)

78 — La Vierge vue à mi-corps, dans un paysage ; elle tient l'enfant Jésus couché dans ses bras, d'après le Titien. Pièce connue sous le titre de : *Parce Somnum Rumpere.*

Très belle épreuve avant la lettre, avec le titre et les noms d'auteurs tracés à la pointe.

79 — La Vierge au Chardonneret, d'après Raphaël.

Superbe épreuve avant la lettre, les titres tracés.

80 — La Madeleine pénitente, d'après Murillo.

Superbe et très rare épreuve avant toutes lettres. Marge.

81 — Le Char de l'Aurore, d'après Guido Reni.

Superbe et très rare épreuve avant la lettre, seulement les noms d'artistes, dans la marge de gauche une petite déchirure habilement raccommodée.

82 — François de Moncade, représenté à cheval s'appuyant sur son bâton de commandement, d'après Ant. Van Dyck.

Superbe épreuve avant la lettre, les noms d'artistes et la dédicace en lettres tracées.

83 — Portrait de Raphaël, d'après lui-même.

Superbe épreuve avant la lettre, lettres tracées. Grandes marges.

84 — La Fornarina, d'après Raphaël.

Superbe épreuve avant la lettre, lettres tracées. Grandes marges.

MULLER (J. G.)

85 — Sainte Cécile, d'après le Dominiquin.

Très belle épreuve avant toutes lettres.

MULLER (Fr.)

86 — Saint Jean l'Évangéliste, d'après le Dominiquin.

Superbe épreuve avant la lettre, lettres tracées. Une partie de l'inscription du bas coupée.

NANTEUIL (R.)

87 — *Belièvre* (Pomponne de), d'après Ch. Le Brun (R. D., 37).

Superbe épreuve du 2e état. Grandes marges.

88 — *Colbert* (Jean-Baptiste), contrôleur général des finances. Buste fort comme nature (R. D., 76).

Superbe et rare épreuve du 1er état, un peu piquée d'humidité.

89 — *Le Vayer* (François de La Mothe), conseiller d'État (R. D., 143).

Superbe et très rare épreuve du 1er état, avec une petite marge. Collection Debois, remargée.

90 — *Loret* (Jean), poète (R. D., 150).

Superbe épreuve du second état, avant la virgule, après le mot Loret. Grandes marges.

91 — *Louis XIV*, roi de France. Portrait dit aux Pattes de lion (R. D., 161).

Très belle épreuve, avec marge. Très rare.

92 — *Turenne* (Henri de la Tour d'Auvergne, vicomte de), maréchal de France, d'après Champaigne. Buste fort comme nature. (R. D, 233.)

Très belle épreuve, un peu piquée d'humidité.

PESNE (J.)

93 — *Poussin* (Nicolas), d'après lui-même. (R. D. 5.)

Très belle et rare épreuve d'un état non décrit, à l'eau-forte pure, avant l'inscription : *Effigies Nicolai Poussini*, etc., sur la toile qui est représentée dans le fond, et avant la dédicace à M. de Chantelou, dans la marge du bas. On ne connaît que trois épreuves de cet état. *B. 300*

POILLY (F. DE)

94 — La Nativité, d'après Guido Reni.

Première et rare épreuve, avant les anges qui ont été ajoutés depuis, dans le haut de la composition et avec les armes dans le bas du sujet. Elle est coupée à la bordure et rajoutée sur une épreuve avec les anges et les armes effacées.

95 — La Vierge au berceau, d'après Raphaël.

Superbe épreuve avant les deux lignes de dédicace à Jean Antoine de Mesmes et avec ses armes qui plus tard ont été changés. Elle est aussi avant les contre-tailles sur le bas du jupon de sainte Anne, qui touche le bord du trait carré qui entoure la composition. Collections Borduge, Scitivaux et Debois. Elle est doublée et un peu piquée d'humidité.

96 — La Vierge au linge, d'après Raphaël.

Très belle épreuve avant les contre-tailles sur le linge que lève la Vierge.

PONTIUS (P.)

97 — *Rubens* (Pierre-Paul), d'après lui-même.

Superbe et très rare épreuve avant toutes lettres et avant la bordure. De la plus grande rareté en cet état.

RAIMBACH (A.)

98 — Les Politiques de village. — Le jour des rentes. Deux pièces faisant pendant, d'après D. Wilkie.

Très belles épreuves avant la lettre, lettres tracées.

99 — Le Doigt coupé, d'après Wilkie.

Très belle épreuve avant la lettre, lettres tracées.

RAIMONDI (MARC-ANTOINE)

100 — Jésus-Christ à table chez Simon le Pharisien, d'après Raphaël. (B., 23.)

Très belle épreuve. Collections Gawet et Arozarena. Rognée de 15 millimètres dans le bas.

101 — La Cène, dite La Cène aux pieds, d'après Raphaël. (B., 26.)

Superbe épreuve, quelques piqûres d'humidité et une petite restauration dans la tête du Christ. Collection Revil.

RAIMONDI (Marc-Antoine)

102 — Jésus-Christ rayonnant de gloire, assis sur des nuages.
Pièce connue sous le nom *des Cinq Saints*, d'après
Raphaël. (B., 113.)

Très belle épreuve, signée au verso : *P. J. Mariette*, 1663.

103 — Sainte Cécile, d'après un dessin de Raphaël. (B., 116.)

Superbe épreuve. Collections Thorel et Dreux.

REMBRANDT (Paul Van Rhyn)

104 — Jésus-Christ prêchant, ou la petite tombe. (B., 67. —
Cl., 71. — Ch. Bl., 39.)

Superbe épreuve, l'homme coiffé d'un turban, debout sur le devant,
à gauche, a le bras droit et une partie du manteau très poussés au noir.
Collection Vallardi.

105 — Jésus-Christ guérissant les malades, dite la pièce de
cent florins. (B., 74. — Cl , 78. — C. B., 49.)

Très belle épreuve du 1er état de Bartsch.

106 — Paysage aux trois arbres. (B., 212. — Cl. 209. — Ch.
Bl., 315.)

Très belle épreuve.

107 — Utenbogaerd, connu sous le nom du : *Pescur d'or.* (B.,
281. — Cl. — 278. — Ch. Bl. 189.)

Très belle et ancienne épreuve.

108 — Le Bourgmestre *Six* (B, 285, — Cl. 282. — Ch. Bl.,
184.)

Magnifique épreuve du 3e état, avec une petite marge. Collection
Delessert. Rare de cette beauté.

RUBENS (P. P.)

109 — Sujet allégorique : l'avarice représentée par une vieille
femme qui tient une chandelle et qui refuse à un enfant
d'allumer la sienne.

Belle épreuve.

SAINT-MAURICE

110 — Famille de musiciens ambulants, d'après Le Nain.

Belle épreuve.

SAVART (P.)

111 — Louis XIV, roi de France, d'après Rigaud. (F. 23.)

Belle épreuve.

SCOTT (J.)

112 — Death of the fox. — Breaking Cover. Deux pièces faisant pendant.

Très belles épreuves avant la lettre, lettres tracées, remargées.

SPIERRE (F.)

113 — La Vierge tenant sur ses genoux l'enfant Jésus qui cesse de teter pour prendre des fruits que lui présente saint Jean, d'après le Corrège.

Très belle et rare épreuve avant la lettre dans la banderole au bas du sujet et avant la draperie sur l'enfant Jésus et sur le sein de la Vierge.

STRANGE (Robert)

114 — Charles Ier, roi de la Grande-Bretagne, en pied et en manteau royal, d'après Ant. Van Dyck.

Magnifique et très rare épreuve avant toutes lettres et avant des travaux sur les pieds et la moustache du personnage. Très grande marge. Collection Debois.

115 — Henriette, reine d'Angleterre, avec ses enfants, d'après Van Dyck.

Superbe et rare épreuve avant toutes lettres. Marge.

SUYDERHOEF (J.)

116 — Les Quatre Bourgmestres d'Amsterdam attendant l'arrivée de la reine Marie de Médicis, d'après T. D. Keyser. (W. 102.)

Superbe épreuve du 3º état, avec une petite marge. Collection Esdaïle

TARDIEU (Alex.)

117 — Saint Michel terrassant le démon, d'après Raphaël.

Très belle épreuve avant la lettre, les noms d'auteurs tracés à la pointe.

TARDIEU (ALEX.)

118 — Napoléon, représenté dans le costume de son sacre, d'après Isabey.

Très belle épreuve avant la lettre.

119 — Henri IV, en pied, d'après Porbus. In-4.

Belle épreuve avant la lettre.

VISSCHER (CORNEILLE)

120 — La Fricasseuse ou faiseuse de beignets. (Smith. 42.)

Magnifique et très rare épreuve avant l'adresse de Clément de Jonghe, placée à la gauche du nom de Visscher. Extrêmement rare de cette qualité.

121 — Le Vendeur de mort aux rats.

Magnifique et très rare épreuve du 2e état, avant la lettre, avec une petite marge, portant au verso la signature de J. G. Wille, 1770, un peu piquée d'humidité.

122 — Les Musiciens ambulants, d'après A. Van Ostade (80).

Superbe épreuve du 2e état, avant l'adresse de Clément de Jonghe.

123 — Un homme et une femme à table dans une tabagie. Morceau dit : *Les Mangeurs de poissons*, d'après A. Van Ostade (82).

Superbe et très rare épreuve du 1er état, avant le mot *et*, entre *pinxit* et *excud*.

124 — Gellius *Bouma*, ministre de l'Évangile à Zutphen. (89.)

Superbe épreuve du 2e état, avant la date 1656.

125 — Lieven van Coppenol. (93.)

Superbe épreuve du second état, avant la lettre.

126 — *Winius* (Andreas Deoniszoon), dit l'homme au pistolet. (126.)

Superbe et très rare épreuve du 2e état, avec la lettre et l'inscription au moyen d'une planche rapportée dans la marge du bas, signée au verso : *P. Mariette*, 1668.

VORSTERMAN (LUCAS)

127 — Trois anges pleurent à la vue du corps mort de Jésus-Christ descendu de la croix et étendu sur les genoux de la Vierge, d'après Van Dyck.

Magnifique et très rare épreuve avant la troisième ligne : *Per illustri.* . . . . qui se trouve au-dessous des six vers, avec une petite marge. Collections Mariette, van Puten, Saint-Yves, Revil, Debois et Dreux.

WIERIX (JÉROME)

128 — Henri III, roi de France, busté à peu près fort comme nature. (Al. 1918.)

Superbe épreuve, la bordure coupée et doublée.

WILLE (J. G.)

129 — Les Musiciens ambulants, d'après C. G. E. Dietricy. (Leblanc, 52.)

Superbe et très rare épreuve avant toutes lettres et avant les armes. Elle n'est pas entièrement terminée. Collection Verstolk de Soelen.

130 — Le Jeune joueur d'instrument, d'après Mieris. (57.)

Superbe épreuve avant toutes lettres et avant les armes.

131 — La Tricoteuse hollandaise. (64.)

Très belle et rare épreuve avant toutes lettres.

132 — L'Observateur distrait ,d'après Schalken. (65.)

Très belle épreuve avant toutes lettres, avec les armes. Elle est doublée.

133 — La Petite Ecolière, d'après Scheneau. — La Maîtresse d'école, d'après P. A. Wille (69 et 70). Deux pièces faisant pendant.

Très belles épreuves avant toutes lettres, mais avec les armes.

134 — Bonne femme de Normandie, — Sœur de la bonne femme de Normandie. Deux pièces faisant pendant. (71-72.)

Très belles et rares épreuves avant toutes lettres, une est avec les armes.

WOOLLETT (W.)

135 — The Cottagers, d'après C. Dusart.

Très belle épreuve avant la lettre et avant les armes, les noms d'auteurs tracés à la pointe, sur chine, non collé.

136 — The Jocund Peasants, d'après C. Dusart.

Très belle épreuve avant la lettre et avant les armes, les noms d'auteurs tracés à la pointe.

137 — La Mort du général Wollf. d'après B. West.

Superbe épreuve avant la lettre, lettres tracées.

138 — La Bataille de la Hogue, d'après B. West.

Superbe épreuve avant la lettre, lettres tracées.

139 — *Rubens* (Pierre-Paul), vu à mi-corps, au travers d'une croisée, d'après Van Dyck.

Très belle épreuve avant la lettre, le nom de Rubens et les noms d'auteurs tracés à la pointe.

140 — Sous ce numéro, il sera vendu par lots deux porte-feuilles, portraits et sujets divers, lithographies et gravures.

Paris. — Typ. PILLET et DUMOULIN, 5, rue des Grands-Augustins.

N° 17 — 30 75

1159 573

N°		
17	30	75
26	70	35
27	85	12.50
33	200	100
34	450	225
39	160	80
69	550	275
89		
91	40	20
92	30	15
113	80	40
121	280	100
125	12	6
	1947	923.50

SUPPLÉMENT

A LA VENTE DU 4 FÉVRIER 1881

DURER (ALBERT)

1 — L'Effet de la jalousie. (B., 73.)

Très belle épreuve avant la retouche.

2 — Le Grand cheval. (B., 97.)

Très belle épreuve.

GELÉE (CLAUDE)

3 — Le Port de mer à la grosse tour. (R. D., 13.)

Très belle épreuve du 2e état, avec le numéro, mais avec les angles aigus. Marge. (Le numéro a été gratté.)

4 — Mercure et Argus. (R. D., 17.)

Très belle épreuve du premier état. Rare.

5 — Le Départ pour les champs. (R. D., 16.)

Très belle épreuve du 2e état, avec le numéro 12, mais avec tous les angles aigus.

OSTADE (A. VAN)

6 — La Fête sous la treille.(f., 47.)

Très belle épreuve du 2e état, avant un grand nombre de travaux, notamment les contre-tailles sur le pignon de la troisième maison, derrière la femme qui danse et avant que le trait carré ait été renforcé au burin.

MINIATURES GRECQUES DU VIIIᵉ AU IXᵉ SIÈCLE

7 — Les Évangélistes.. — Le Baptême.

Cinq miniatures très curieuses, dont quatre peintes sur fond or.

Paris. — Typ. PILLET et DUMOULIN, 5, rue des Grands-Augustins.

20 - 50   185   87 — 20
23 - 20   85   84 120
30   90   10
46 390   27) 0   10
50   10   ———
61   18   160
73 140
83   90   80
60 390   540
60 240
103 550
114 740
115   28
120   60   24 40
124   30   19 24
129   90   ————
134   30   1013
——————
2926

1463

923

540